L^{27}n. 13736.

NOTICE HISTORIQUE

SUR M. MATERN.

NOTICE
HISTORIQUE
SUR M. MATERN,

FONDATEUR D'UNE AGENCE

A BEAUVAIS

POUR LES REMPLACEMENTS MILITAIRES.

BEAUVAIS,
TYPOGRAPHIE DE CONSTANT MOISAND,
RUE DES FLAGEOTS, 15.

1849.

Cette Notice est extraite de la Biographie d'un très-grand nombre de Personnages qui sont nés, ont résidé longtemps ou sont morts dans le Beauvaisis, dont les actions mémorables ou des travaux utiles méritent d'être rappelés; ouvrage *inédit*, rédigé par M. Victor Tremblay, membre de l'Athénée.

NOTICE HISTORIQUE
SUR M. MATERN,

FONDATEUR

D'UNE AGENCE A BEAUVAIS

POUR

LES REMPLACEMENTS MILITAIRES.

MATERN (JEAN-JACQUES), né à Lassan (Poméranie-Suédoise), le 30 novembre 1783, n'a dû la brillante fortune qu'il a laissée à sa veuve et à une fille unique, qu'à son intelligente activité et à une probité qui, pendant près de 40 *années* qu'il exerça à Beauvais l'emploi si difficile et non moins ingrat d'agent pour les remplacements militaires, lui acquirent la confiance et la considération de toutes les personnes qui eurent avec lui des relations d'affaires ou de société. Sa loyauté et son intégrité étaient si généralement connues, qu'il suffisait d'invoquer son témoignage dans les opérations les plus délicates, pour obtenir une prompte et entière satisfaction.

C'est en qualité de simple ouvrier teinturier que M. Matern vint à Senlis en 1806. Sa famille avait exigé que, suivant l'usage, avant de s'établir dans son pays, il fît ce qu'on appelle son tour de France. De Senlis, il se rendit, en 1812, à Beauvais, où l'art de la teinture était plus perfectionné.

Arrivé dans cette ville, avec l'intention d'y exercer sa profession, il descendit à l'*Hôtel des Balances*, sur la grande Place, tenu alors par M. Bocquet. Là se trouvaient des racoleurs qui faisaient des enrôlements pour le service militaire. Matern remarqua que ces hommes employaient plus d'astuce que de bonne foi dans l'exercice de leur métier ; il en fit l'observation à M. Bocquet, qui, ayant reconnu en lui un homme franc et loyal, l'engagea à fonder lui-même un établissement pour le remplacement des conscrits. *J'y pensais*, répondit-il, *car il me semble que je pourrais mieux faire que ces racoleurs passagers, du moins, je le suppose, avec plus de délicatesse.*

Il fallait à cet homme, enfant de ses propres

œuvres, autant de confiance en lui-même qu'il avait de foi au succès de son audacieuse entreprise (jugée telle alors), pour oser seul, avec de faibles ressources, se livrer à de semblables opérations.

En tout, on l'a toujours avancé, il n'y a que le premier pas qui coûte; l'excellent Matern connut bientôt la vérité de ce vieil axiôme; mais toutefois on peut dire que, dans sa prospérité, il n'eut jamais que le désir d'être utile à la chose publique, autant qu'à chacun en particulier.

Une première opération vint offrir à ses désirs ce qu'il appelait sa *pièce de début* : il exposa son léger coffre-fort, et sans en prévoir les résultats, il commença par être dupe de son bon cœur.

Par un hasard que depuis il regardait comme providentiel, il eut à traiter avec une respectable dame de Beauvais (1), pour le remplacement de plusieurs de ses parents. Cette connaissance lui

---

(1) Veuve de M. de Goussainville, chef d'une famille des plus recommandables de Beauvais, victime, avec son fils unique, des fureurs révolutionnaires de 1793.

fut d'autant plus utile, qu'elle lui servit de recommandation auprès des premières familles du département.

De ce moment, notre fondateur d'assurances militaires s'ouvrit une carrière qu'il sut rendre aussi fructueuse qu'honorable, et il parvint ainsi, en très-peu d'années, à avoir une agence des plus importantes et des mieux famées de la France; car il suffisait de citer son nom pour inspirer de loin comme de près la confiance la plus entière.

La vie de M. Matern se résume dans un grand nombre de bonnes actions. Nous nous contenterons d'en citer quelques-unes, commençant par celle dont nous avons eu le bonheur d'être le témoin.

M. Matern se trouvait, en 1828, à Gisors, à l'époque du tirage de la classe. Nous nous rencontrâmes au même hôtel. Il venait d'arriver un évènement des plus douloureux : un des ouvriers employés à l'importante fabrique de cette ville avait été, par suite d'un dérangement survenu dans les fonctions de la machine à vapeur, victime d'un horrible accident; sur-le-champ une quête fut ordonnée par l'autorité locale en faveur de sa veuve et de ses enfants en bas âge.

Deux dames de la ville furent désignées par la mairie pour procéder à cette quête. Arrivées à l'hôtel au moment où de nombreux voyageurs étaient réunis pour le dîner, ces dames s'excusèrent de venir ainsi implorer la bienfaisance de personnes étrangères. M. Matern leur fit cette réponse : « Il me semble, Mesdames, que l'on » doit faire le bien partout où l'on se trouve, » et en toute occasion coopérer à une bonne » œuvre! » Et à l'instant il remit cinquante francs aux quêteuses.

Cette noble générosité se communique spontanément aux autres convives; chacun, suivant ses moyens, s'empresse d'imiter ce rare et touchant exemple, grâcieusement remercié par ces dames (1).

---

(1) Ce fut peu de temps après cette belle action, et au moment où son établissement était en pleine prospérité, que M. Matern pensa à se marier, mais sans se laisser aller aux étroites vues de l'intérêt; et comme il avait remarqué, depuis qu'il résidait à Beauvais, les excellentes qualités qui distinguaient la fille aînée d'un bon père de famille, sans fortune, il demanda sa main et l'épousa le 7 octobre 1829.

Le fait suivant, arrivé en 1836, est un de ceux que cet homme délicat prenait le plus grand soin de dérober à la connaissance de ses proches et de ses amis les plus dévoués.

A l'époque des opérations de la classe de 1835, un père de famille peu aisé se présente pour aviser au remplacement de son fils. Il n'offrait pour toute garantie qu'une maison et une petite pièce de terre. Voyez, dit-il à M. Matern, si ma faible propriété peut vous suffire pour faire remplacer mon fils, notre seul soutien?

M. Matern, qui jamais n'hésitait quand il s'agissait d'obliger ou d'être utile, consent au traité : l'acte est aussitôt rédigé, et le jeune homme reste à sa famille.

Six mois à peine étaient écoulés quand un matin, seul dans son cabinet, M. Matern entend quelques personnes, réprimant difficilement leurs sanglots : la porte s'ouvre; une femme, suivie d'un jeune homme, ainsi qu'elle vêtu de deuil, tombe à ses pieds..... Ah! s'écrie la femme, M. Matern, nous sommes perdus; mon fils et moi nous sommes ruinés!... mon mari n'est plus...

M. Matern, qui les avait fait relever et asseoir, s'échappe, court à son bureau, y prend le dossier contenant sa créance, et revient auprès d'eux. Alors, s'adressant à la mère et au fils : « *Reconnaissez-vous ce billet? et sans attendre* » *leur réponse, il le jette au feu. Retournez* » *chez vous, mes braves gens, et consolez-vous,* » *vous ne me devez plus rien.* »

Un fait analogue, arrivé l'année suivante, mérite d'être également cité.

Un jeune homme des environs de Beauvais, que son père, quoique peu fortuné, avait fait assurer, meurt un mois après le départ de son remplaçant. Le père, désolé, qui avait payé un à-compte sur la somme convenue, vient trouver M. Matern pour lui demander s'il pourrait, en raison de ce fâcheux accident, diminuer le prix de l'assurance. Il en reçoit cette réponse : « *Je* » *suis tellement peiné de votre douleur, mon* » *brave homme, que je n'hésite pas à vous tenir* » *quitte de ce que vous me redevez : allez en paix,* » *et consolez-vous, s'il se peut.* » Le pauvre père fut si satisfait de cette généreuse action, qu'il la rappelait chaque fois qu'on lui parlait de cet homme bienfaisant.

Rapportons encore l'anecdote suivante, que nous tenons d'une personne digne de foi.

Un estimable ouvrier de l'arrondissement de Beauvais, père de quatre enfants, deux garçons et deux filles, était désireux plus qu'en état de sauver du service militaire, l'aîné de ses fils : il vint trouver M. Matern, avec lequel il arrêta des conventions.

Le jeune conscrit avait une infirmité que le conseil de révision accueillerait ou à laquelle il n'aurait point égard. D'après son traité, le père était tenu de payer à M. Matern, une somme stipulée, en cas de succès.

Le conseil de révision ayant cru devoir réformer le jeune homme, son père, pourvu de la somme nécessaire, pour acquitter sa dette, se rend chez son créancier, et s'apprête à compter l'argent qu'il doit. Cet homme témoigne à M. Matern la joie qu'il éprouve de voir son fils affranchi du service, et il lui dit : « Je vous donne bien » volontiers cet argent, puisque je conserve mon » fils ; cet argent me serait cependant bien né- » cessaire pour compléter la dot d'une de mes » filles qu'on me demande en mariage ; je crains

» que l'impossibilité de tenir ma promesse ne
» fasse manquer cette union. Ces considéra-
» tions vous sont du reste étrangères. Je vous
» remercie sincèrement du service que vous
» m'avez rendu. »

Pendant que l'honnête père de famille compte son argent, il remarque l'émotion que ses paroles causent à M. Matern, qui, vivement touché de la situation de son débiteur, lui dit, avec l'accent d'une véritable sensibilité, et en lui serrant les mains : *Vous êtes un brave homme ; je ne veux pas être la cause que votre fille ne se marie pas........... mariez-là.* En disant ces mots, il déchire la reconnaissance de la somme qu'il devait recevoir.

Lorsqu'il y avait lieu d'accomplir une bonne œuvre, Matern le faisait aussi bien pour des personnes étrangères au département que pour celles qui l'habitaient. Voici un fait qui le prouve :

En 1842, un prêtre-quêteur, venant de Rouen, se présente chez M. Matern, accompagné d'un des membres du clergé de Beauvais. Il invoque sa bienfaisance pour subvenir aux frais de reconstruction de l'église de *Notre-Dame-de-Bon-*

Secours, près Rouen. Monsieur, lui dit M. Matern : « Je vais satisfaire à votre demande en
» vous donnant un bon de *cent francs* sur un
» jeune homme que j'ai fait remplacer avant
» qu'il entrât dans les ordres, et qui est resté
» mon débiteur ; sans doute il s'empressera de
» vous compter cette somme : avec des per-
» sonnes de ce caractère, on n'a rien à appré-
» hender. »

Pendant que M. Matern faisait ce bon, le solliciteur remarqua qu'il avait mis *deux cents* francs au lieu de *cent* : il lui en fit l'observation........ *C'est égal*, dit-il, *ce qui est écrit restera*. Le prêtre le remercia de sa générosité, en ajoutant : *C'est le Saint-Esprit qui a guidé votre main, Dieu vous en bénira*, excellent homme !.....

M. Matern, comme agent d'affaires, avait, depuis longtemps, l'entière confiance de l'administration municipale de Bury (canton de Mouy), qui le recommandait, chaque année, d'une manière toute particulière, aux pères de familles qui avaient des jeunes gens à faire remplacer. Il savait d'où partaient ces diverses recommandations, et désirait qu'une occasion favorable se présentât pour en témoigner sa gratitude, sans blesser les convenances, tant il mettait de délicatesse dans tous ses procédés.

En 1843, il se rendit un jour à Bury, pour y régler quelques affaires : en se promenant avec l'adjoint, M. Martin, il remarqua que les noms des rues, de même que les numéros des maisons, n'étaient pas indiqués.

Ce fut une heureuse occasion pour Matern; il offrit donc de suite de faire mettre, à ses frais, des plaques indicatives des rues, et de faire placer les numéros des maisons tant de la commune que des hameaux qui en dépendent. L'administration municipale s'empressa de consentir à cette offre généreuse; et le conseil, par une délibération du mois d'avril de la même année, en votant que des remercîments seront adressés à M. Matern, au nom des habitants de la commune, décida qu'en reconnaissance et pour souvenir de sa belle action, l'une des rues de Bury, autrefois appelée rue *Saint-Claude*, prendrait par une inscription particulière, le nom de RUE MATERN-DE-BEAUVAIS; ce qui eut aussitôt son accomplissement.

On pourrait encore citer bien d'autres faits qui tous honorent la mémoire du généreux Matern, dont la carrière, parsemée de beaux traits, fut véritablement trop courte; car on peut dire que ce digne citoyen était considéré à Beauvais comme la providence des malheureux, qui n'implorèrent jamais en vain sa pitié, de quelques pays qu'ils fussent. Il aimait surtout à soulager les indigents, tant il avait à cœur de se rendre utile à tout le monde.

A ces bienfaits, nous devrions ajouter les services qu'il a rendus à différents commerçants de Beauvais, dont il avait pris en considération la position gênée; il est vrai de dire que plusieurs d'entr'eux ne purent s'en relever, et l'obligeant prêteur perdit, par suite de leurs mauvaises affaires, des sommes considérables.

On sait même qu'après sa mort, le hasard fit découvrir à sa veuve un certain nombre de *billets non payés*, dans un des volumes de sa bibliothèque, où on pense qu'il les avait placés avec l'intention de les dérober à la vue, pour éviter, sans doute, les poursuites qu'on aurait pu faire contre les personnes qu'il avait si loyalement obligées. (Ses intentions, à ce sujet, comme tant d'autres, ont été observées scrupuleusement.)

La loyauté que M. Matern apportait dans ses opérations, respire dans les quelques écrits qu'il a publiés pour mettre les familles en garde contre ces spéculateurs peu scrupuleux, dont les polices d'assurances promettent plus qu'elles ne tiennent.

Indépendamment de l'article concernant les assurances militaires, que M. Matern a fait insérer dans le *Semeur de l'Oise*, du 9 février 1843, et qui est généralement connu, nous croyons devoir rappeler un autre écrit, fort remarquable, dans lequel on voit que ce loyal agent avait cherché tous les moyens de faire comprendre aux jeunes gens qui se destinent au remplacement militaire, la honte et l'abjection qui résultent pour eux d'entrer dans l'armée sous les auspices des juifs ; il leur fait sentir combien ils regretteraient plus tard d'avoir cédé à leurs promesses trompeuses.

Il importerait aussi, dit-il, que certains greffiers des communes, qui souvent se laissent aveugler par l'appât offert par ces hommes, au lieu de prêter leur concours aux ignobles manœuvres de ces indignes agents, cherchassent à préserver les jeunes gens du faux pas, en leur faisant connaître d'avance les devoirs de tout genre que le remplacement militaire impose toujours.

C'est ici le moment de mentionner quelques-unes des observations, fort judicieuses, contenues dans la lettre, sous la date du 16 avril 1836, que M. Matern adressa à M. *Dupin*, alors président de la chambre des députés, relativement à la discussion qui eut lieu, dans cette assemblée, au sujet des réclamations formées contre les assurances militaires.

Dans cette lettre, dont le style est aussi piquant que spirituel et rapide, et qui donne une idée de la franchise de son auteur, M. Matern fait voir combien il est inconvenant de chercher à mépriser tous les hommes qui ont des établissements pour les remplacements militaires, parce qu'il y en a qui jouissent de la considération publique. Nous nous bornons à en extraire les passages les plus saillants.

Ainsi, en parlant du sieur *Jeaubert*, dont la pétition tend à faire réprimer les désordres qui existent dans le recrutement de l'armée, il démontre tout le ridicule d'une semblable plainte de la part d'un homme qui passa lui-même une grande partie de son existence à faire le métier de racoleur, métier dans lequel il n'a jamais donné d'exemple édifiant; car, dit-il, envoyé par moi à Epinal (Vosges), par commisération, après ses demandes réitérées, dans l'espoir qu'il pourrait recruter pour son compte, et gagner son pain honnêtement, à l'aide du prestige de sa décoration, à défaut d'autre mérite, il a été reconnu incapable de recruter avec avantage et d'une manière loyale et convenable.

M. Matern ajoute : Si M. le rapporteur de la commission avait bien réfléchi, avant de succomber à la tentation d'employer un mot à effet, il n'aurait pas nommé *traite des blancs*, le remplacement militaire; et à ce sujet, il fait observer que l'entreprise, de ce genre, qu'il dirige depuis si longtemps n'a jamais donné lieu à aucune plainte; et il fait, aux remplaçants et aux remplacés, le défi de pouvoir lui adresser le moindre reproche sur ses engagements.

Il rappelle ensuite que M. *Séguier*, président de la cour royale, *admonesta* en pleine audience, un avocat qui, en lui demandant la remise d'une affaire, disait gracieusement : *il s'agit d'une vente d'hommes !* Cette expression aussi révoltante qu'infâme avait indigné M. Séguier, qui a répliqué vivement : « Ce mot est fort déplacé,

» il était plus naturel d'employer celui de
» *convention de remplacement.* »

En effet, continue M. Matern : On sait bien que l'homme n'est pas une marchandise. En fait de créatures vivantes, cette expression ne peut s'appliquer qu'aux bestiaux, auxquels celui qui en trafique ne demande point avis pour le faire. Les gens qui se destinent à remplacer, ne font que vendre leur service pour un temps donné, comme les acteurs, les commis, les domestiques et tant d'autres, avec cette seule différence, qu'au lieu de leur volonté, c'est la volonté du Gouvernement, notre souverain maître à tous, qui fixe la durée de leur travail, après avoir fait juger leurs capacités par les conseils de révision.

Malheureusement, dit-il, un député ne fut pas de l'avis de M. le premier président de la cour royale, car, trouvant sans doute, que *vente d'hommes* avait quelque chose de trop mielleux, il a saisi, à la chambre, la première occasion d'employer l'épouvantable métaphore de *commerce de chair humaine !*.......

Heureusement, d'autres députés ont désapprouvé hautement ce genre de s'exprimer, et l'un d'eux a dit (*Moniteur* du 3 avril 1836) : « Si les

» français prenaient à la lettre le discours de
» notre collègue, ils auraient le droit de s'écrier :
» elle est bien coupable la législation qui a toléré
» si longtemps de pareils abus. »

En fait d'abus, M. Matern convient qu'il y en a beaucoup dans le remplacement militaire ; mais il fait remarquer que c'est en rebutant les honnêtes gens qu'on a laissé l'exploitation de ces agences à la discrétion d'une foule d'individus qui n'ont rien à perdre, pas même la réputation, et dont l'effronterie et le cynisme sont pour ainsi dire nécessaires à la lutte permanente engagée entr'eux et les autorités civiles et militaires.

Mais n'est-il pas pénible de voir que des orateurs ont déclamé contre la cupidité des agents de recrutement, sans oser émettre la pensée, que parmi eux, il put se trouver un seul honnête homme ? Ne voit-on pas tous les jours des négociants en renom, des banquiers titrés, des agents de change décorés, des notaires revêtus de fonctions municipales, etc., couver une banqueroute frauduleuse !...... Eh ! bien, dit M. Matern, il ne s'ensuit pas qu'on doive porter le mépris sur tous les hommes qui exercent de semblables fonctions ; de même qu'on doit reconnaître, qu'en matière de recrutement, on peut trouver une probité pure parmi les agents qui s'en occupent.

En finissant sa lettre à M. Dupin, président de la chambre des députés, M. Matern s'exprime ainsi :

« On a beaucoup raisonné sur le recrutement
» de l'armée ; mais jusqu'à présent on a vu
» mettre le diachylon du progrès à côté de la
» plaie des abus ; heureux, ajoute-t-il, si je puis
» aider à bien faire connaître une corporation
» qui n'est pas méprisable, et si mes observa-
» tions peuvent servir à l'éclaircissement d'un
» point de jurisprudence assez important pour
» éveiller l'attention des législateurs. »

Terminons, quoique à regret (car il s'en faut que nous manquions de matière pour compléter l'éloge de ce bon citoyen) en disant : le nom de MATERN, tout allemand qu'il puisse paraître à certaines oreilles ridiculement susceptibles, fut et sera toujours, chez nous, le synonyme de *bonté*, *droiture* et *délicatesse*.

M. Matern est mort presque subitement le 11 juin 1848. Tant que l'honneur et la bienfaisance auront des admirateurs et des partisans sur la terre, son nom et ses bonnes actions vivront dans le souvenir de nos concitoyens. Sa perte fut une calamité générale, ainsi qu'on a pu en juger par la foule immense qui accompagnait ses funérailles.

V. T.

www.ingramcontent.com/pod-product-compliance
Lightning Source LLC
Chambersburg PA
CBHW062003070426
42451CB00012BA/2567